سلسلة التاريخ الإسلامي للشباب

دولة بني أمية

محمد رجب

مكتبة العبيكان

ⓒ شركة العبيكان للتعليم،
فهرسة مكتبة الملك فهد الوطنية أثناء النشر

سلسلة التاريخ الإسلامي للشباب ج٢: دولة بني أمية
- سلسلة التاريخ الإسلامي للشباب ج٢

ردمك: ٥-٠٥٢-٠٤٠-٩٩٦-٩٧٨

حقوق الطباعة محفوظة للناشر

الطبعة الأولى

 نشر وتوزيع

المملكة العربية السعودية - الرياض

طريق الملك فهد - مقابل برج المملكة

هاتف: ٤٨٠٨٦٥٤ ١١ ٩٦٦+،

فاكس: ٤٨٠٨٠٩٥ ١١ ٩٦٦+ ص.ب: ٦٧٦٢٢

الرياض ١١٥١٧

جميع الحقوق محفوظة. ولا يسمح بإعادة إصدار هذا الكتاب أو نقله في أي شكل أو واسطة، سواء أكانت إلكترونية أو ميكانيكية، بما في ذلك التصوير بالنسخ (فوتوكوبي)، أو التسجيل، أو التخزين والاسترجاع، دون إذن خطي من الناشر.

بسم الله الرحمن الرحيم

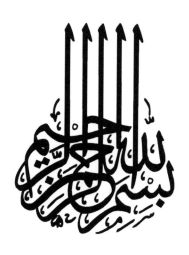

الباب الأول
قيام دولة بني أمية

بعد مقتل علي بن أبي طالب -رضي الله عنه- بويع لابنه الحسن بالخلافة. فكر الحسن في الزحف على الشام ليحارب معاوية بن أبي سفيان. لكنه عدل عن ذلك إلى التنازل عن الحكم لمعاوية -رضي الله عنه- بعد أن قضى في الخلافة نحو ستة أشهر.

وتم تنصيب معاوية خليفة للمسلمين بإجماع أهل الشام، عدا نفر قليل عام ٤١هـ، واتفق المؤرخون على تسمية هذا العام عام الجماعة؛ وذلك لاجتماع كلمة المسلمين على شخص خليفة واحد هو معاوية.

معاوية بن أبي سفيان (٤١-٦٠هـ):

ولد معاوية بن أبي سفيان بن حرب بمكة قبل البعثة بخمس سنين وأسلم هو وعائلته عام فتح مكة في العام الثامن للهجرة، أبوه أبو سفيان صخر بن حرب، وأمه هند بنت عتبة بن ربيعة، وأخوه يزيد بن أبي سفيان.

ولقد مرّ بك في كتابنا الأول كيف انتهى الخلاف بين علي بن أبي طالب، ومعاوية بن أبي سفيان إلى التحكيم، وخلع علي من الخلافة، وظهور

الخوارج الذين اغتال أحدهم وهو عبدالرحمن بن ملجم علياً –رضي الله عنه–.

والتاريخ يبيّن لنا كيف استطاع معاوية بكياسته وصبره وأناته أن يصل إلى تثبيت أركان حكمه أمام العواصف والأنواء.. استعان معاوية بنفر من الرجال الأشداء لتوطيد حكمه.

ومن هؤلاء النفر:

* عمرو بن العاص.

* المغيرة بن شعبة.

* زياد بن أبيه.

وتزوج الرسول ﷺ أم حبيبة رملة بنت أبي سفيان أخت معاوية، وكان معاوية من كتاب الوحي المعدودين للرسول العظيم ﷺ.

كان يزيد بن أبي سفيان قائداً لجيش الشام في عهد أبي بكر الصديق، وكذلك أيام عمر بن الخطاب، ولما توفي يزيد في طاعون عمواس عام ١٨ للهجرة جعل عمر معاوية أميراً مكان أخيه على سائر الشام.

وبعد فتنة عثمان تزعم معاوية جماعة بني أمية في المطالبة بدمه.

ويجمع المؤرخون على وصف معاوية بالحلم وحسن السياسة، ومن المؤكد أن الحقبة الطويلة التي قضاها معاوية في حكم الشام مكنته من تأكيد سلطانه عليه ومن تكوين جيش قوي.

بنى معاوية لنفسه قصراً اسمه الخضراء، واتخذ الحرس والشرطة، وعمل المقصورة لحمايته أثناء أداء الصلاة، وذلك بعد محاولة اغتياله بيد الخوارج.

ولقد اتخذ معاوية دمشق عاصمة للخلافة وذلك لموقعها المتميّز، وأوجد معاوية ديوان الخاتم وابتكر نظام البريد لتنقل إليه أخبار البلاد من جميع أطرافها.

كان المغيرة بن شعبة من الصحابة، من قبيلة ثقيف، اشتهر بحبه للفتوح، حتى لقد ذهبت إحدى عينيه يوم اليرموك، وكان أميراً على البصرة والكوفة عدة مرات، والحقيقة أن المغيرة اعتزل الفتنة أيام النزاع بين معاوية وعلي؛ لكن حين استقرت الخلافة لمعاوية أرسل يطلب المغيرة ليضمه إلى جانبه ليفيد من خبرته.

ولّى معاوية المغيرة على الكوفة عام ٤٢هـ.

أما زياد بن أبيه فقد ولاه معاوية على البصرة عام ٤٥هـ، وكان للمغيرة ابن شعبة الفضل في استقطاب زياد، وعرف أن زياداً أخوه فجعل اسمه زياد ابن أبي سفيان بدل زياد بن سمية، اسم أمه.

وحين هلك المغيرة بالطاعون عام ٥٠هـ استعمل معاوية زياداً على الكوفة إلى أن توفي عام ٥٣هـ.

وكان لزياد أثر كبير في تأكيد الملك لمعاوية وضبط ما تولاه، والقضاء على الشيعة والخوارج في الكوفة والبصرة.

أما عمرو بن العاص فولاه معاوية على مصر، وأوصى له بها طيلة حياته، والحقيقة أن معاوية كان يخشى عمراً ويقدره لدهائه وحسن حيلته، ولم يمكث عمرو والياً على مصر من قبل معاوية غير سنتين إذ أدركته الوفاة عام ٤٣ للهجرة.

ثم اتجه معاوية إلى الفتوح التي كانت قد توقفت بسبب الفتنة.

الفتوح زمن معاوية:

حين استقر الأمر لمعاوية استمر في الجهاد والفتوح، فاتسعت رقعة الدولة الإسلامية، وعيّن معاوية عمرو بن العاص والياً على مصر عام ٣٨هـ، وفكر جدياً في فتح إفريقية، فبعث جنداً إليها، لكن معاوية سارع بتولية عقبة بن عامر الجهني على مصر بوفاة عمرو عام ٤٤هـ وعزل عبدالله بن عمرو، وعهد بإمارة الفتح إلى معاوية بن حديج، فانتهز فرصة الصراع بين البيزنطيين وأهل

إفريقية فغزاها، وكان ذلك عام ٤٥هـ، وعلم الروم بمسيرة ابن حديج فأرسلوا إليه جيشاً هائلاً بقيادة نقفور والتقى الجيشان، وكانت عدة جيش المسلمين عشرة آلاف مقاتل في مقابل ثلاثين ألفاً من جند الروم، وانهزم جند الروم وانسحبوا.

واختار ابن حديج عبدالملك بن مروان ليتوغل داخل إفريقية، لكن سن عبدالملك آنذاك كانت التاسعة عشرة ولم يكن له خبرة بالفتح وسرعان ما عادت حملته إلى دمشق بخفي حنين.

أما ابن حديج فسارع إلى الشمال وفتح بنزرت ورودس وصقلية.. ويرجع الفتح العظيم لإفريقية إلى عقبة بن نافع بن عبد قيس الذي ولد قبل هجرة الرسول ﷺ بسنة واحدة.

لقد غزا عقبة لواته وهواره.

ثم ولاه معاوية بن أبي سفيان جند إفريقية فغزاها سنة ٤٩هـ، وقد اختط مدينة القيروان ليكون بها عسكر المسلمين وأهلهم وأموالهم ليأمنوا ثورة أهل البلاد.

لكن ما لبث معاوية أن أقال عقبة عن إفريقية سنة ٥١هـ وولى عليها أبا المهاجر بن دينار.

أدرك معاوية بثاقب نظره أن المنافسة على الحكم هي السبب في فرقة المسلمين وتشتيت آرائهم؛ ومن ثم فقد نهض إلى أخذ البيعة لابنه يزيد. هنا خرج معاوية على ما أجمع عليه المسلمون من جعل الأمر شورى بينهم؛ إذ يختارون للخلافة من يصلح لها، كتب معاوية بن أبي سفيان إلى عامله على المدينة مروان بن الحكم يقول:

إني قد كبرت سني ورق عظمي، وخشيت الاختلاف على الأمة من بعدي، وقد رأيت أن أتخير لهم من يقوم من بعدي، وكرهت أن أقطع أمراً دون مشورة من عندك، فاعرض ذلك عليهم وأعلمني بالذي يردون عليك.

وما إن عرض مروان هذا الأمر على الناس حتى هاجوا وماجوا، وقال عبدالرحمن بن أبي بكر:

ما الخيار أردتم لأمة محمد، ولكنكم تريدون أن تجعلوها هرقلية، كلما مات هرقل قام هرقل.

وقام الحسين بن علي وعبدالله بن الزبير فأنكرا ذلك.

ولكي يقنع معاوية بن أبي سفيان المسلمين بكفاءة ولده يزيد أسرع يضمه إلى الحملة العسكرية التي أعدّها لفتح القسطنطينية، فأوغل جيش

معاوية في آسيا الصغرى ووصل إلى القسطنطينية وحاصرها؛ لكنه لم يستطع فتحها لمناعة حصونها.

ويتحدث المؤرخون عن غزوات المسلمين عن طريق البحر ويسمونها الشاتية والصائفة(*) الغريب أن المغيرة بن شعبة والي الكوفة قد تحمس لأخذ البيعة ليزيد، فذهب إلى معاوية في دمشق وقال له:

أنا أكفيك أهل الكوفة، ويكفيك زياد أهل البصرة، وليس بعد هذين المصرين أحد يخالفك.

أما زياد بن أبيه فنصح معاوية بالتريث في الأمر، ولم يلبث زياد أن مات.

لم يأبه معاوية بموقف الحجاز الرافض لمبايعة ابنه يزيد، وأرسل إلى عماله على الأمصار وأمرهم أن يطلبوا البيعة ليزيد، وأن يرسلوا إليه الوفود في دمشق بالموافقة على البيعة.

فماذا كان موقف عبدالله بن عمر بن الخطاب.

―――――――――

(*) الجهاد برًا أو بحرًا في الشتاء يعرف بالشواتي، وفي الصيف بالصوائف.

لقد ذهب إلى دمشق ضمن وفد، وبايع معاوية بالخلافة، ولم يمانع في أن يكون ضمن حملة المسلمين بقيادة يزيد على القسطنطينية وفيها عبدالله ابن عباس وأبو أيوب الأنصاري.

لكن عبدالله بن عمر أبى أن يغادر المدينة ليبايع يزيد بن معاوية في دمشق.

أما الخوارج الذين قاوموا معاوية فقد سموا بذلك لأنهم خرجوا على خلافة علي ورفضوا الانضواء تحت لوائه يوم التحكيم، واعتزلوا الحياة السياسية.

ومن أشهر زعماء الخورارج صاحب الأزارقة: أبو راشد نافع بن الأزرق الذي احتل وهو وأتباعه الأهواز وفارس وكرمان ونادى باعتزال المسلمين وعدم الصلاة معهم وعدم أكل ذبائحهم والزواج منهم.

عزم معاوية على حرب الخوارج فبعث إليهم جيشين، ودعا أهل الكوفة إلى حرب الخوارج.

وقد تمكن المغيرة بن شعبة من تشتيت شملهم عام ٤٣هـ، كما أمكن لزياد بن أبيه أن يقضي على زعمائهم طوال مدة حكمه للبصرة.

وفي عام ٥٨هـ تجمع الخوارج حين استصغروا شأن عبيدالله بن زياد فانقض عليهم عبيدالله بجيشه وأبادهم.

أما الشيعة فهم الذين تشيعوا لعلي بن أبي طالب وآل بيته، ومن أشهرهم الفرقة السبئية (نسبة إلى عبدالله بن سبأ) وفرقة التوابين.

أما عن الأسطول الإسلامي فقد بلغ عهده الزاهر زمن معاوية، حيث كانت عدد قطعه ألفًا وسبع مئة سفينة.

رحم الله معاوية بن أبي سفيان جزاء ما قدم للإسلام، فقد أسس دولة زاهرة.

يزيد بن معاوية (٦٠-٦٤هـ/ ٦٨٠-٦٨٣م):

تولى يزيد الخلافة بعد وفاة أبيه معاوية بدمشق، لكن لم تصف له الأحوال فقد ثار في وجهه:

* الحسين بن علي.
* وعبدالله بن الزبير.

لقد بايعت الأمصار يزيد لكن هذين الاثنين رفضا المبايعة، ويذكر التاريخ أن معاوية حذره منهما، وأفلح الاثنان في الفرار من المدينة إلى مكة ليلوذا ببيت الله الحرام، مما أوقد نار الفتنة من جديد.

هذه الفتنة استمرت طوال حكم ثلاثة خلفاء بعد معاوية، واستطاع عبدالملك بن مروان القضاء عليها لكن بعد أن مزقت أوصال الأمة الإسلامية.

وفي كتاب مشهور أرسله معاوية حين حضرته الوفاة إلى ابنه وكان بعيداً يوصي ابنه ويقول:

«وإني لست أخاف أن ينازعك في الأمر إلا أربعة نفر من قريش: عبدالله بن الزبير، الحسين بن علي، وعبدالله بن عمر، وعبدالرحمن بن أبي بكر. فأما ابن عمر فإنه رجل قد أوقذته(١) العبادة، فإذا لم يبق أحد غيره

---

(١) أوقذته: سكَّنته.

بايعك، وأما الحسين بن علي فهو رجل خفيف، ولن يتركه أهل العراق حتى يخرجوه، فإن خرج وظفرت به فاعف عنه؛ فإن له رحماً ماسة وحقاً عظيماً، وقرابة من محمد ﷺ. وأما ابن أبي بكر فإن رأى أصحابه صنعوا شيئاً صنع مثله، ليس له همّة، وأما الذي يجثم لك جثوم الأسد ويراوغك مراوغة الثعلب فذاك ابن الزبير، فاحقن دماء قومك ما استطعت».

تُوفي عبدالرحمن بن أبي بكر قبل وفاة معاوية، وبايع عبدالله بن عمر يزيد، ولم يبق سوى ابن الزبير والحسين على ساحة المعارضة، وكان لابد من المواجهة.

حكم يزيد بن معاوية مدة ثلاث سنوات ومات في الثامنة والثلاثين بعد أن ارتكب بعض الأخطاء وتسبب في سخط المسلمين عليه؛ وذلك لأنه تسبب في قتل الحسين بن علي في كربلاء، وفي التنكيل بأهل المدينة في وقعه الحرة.. وفي رمي الكعبة بالمنجنيق.

وسوف أتناول هذه الأمور الثلاثة بشيء من التفصيل.

الحسين في كربلاء:

كره الحسين تنازل أخيه الحسن عن الخلافة لمعاوية، لكنه لم ينقض عهد معاوية احتراماً للبيعة، وما إن تولى يزيد حتى جهر الحسين بأنه رفض البيعة

لأسباب خاصة؛ وذلك لتجربته وكبر سنه فقد كان يناهز الستين. وواتت الحسين الفرصة حين تلقى كتباً من أهل الكوفة يستحثونه على القدوم إليهم ليبايعوه.

قال أهل الكوفة للحسين:

«فأقدم علينا لعلّ الله أن يجمعنا بك على الهدى».. وكان ذلك أواخر ذي الحجة من سنة ٦٠ للهجرة.

أرسل الحسين ابن عمه مسلم بن عقيل إلى الكوفة يستطلع الخبر.. ذهب مسلم إلى الكوفة، وكان واليها النعمان بن بشير الأنصاري وديعاً ليناً مما أغضب يزيد فعزله وولّى مكانه عبيدالله بن زياد إضافة إلى ولاية البصرة.

بعث مسلم إلى الحسين يستحثه على الحضور إلى الكوفة، لكن قبل أن يصل الرسول إلى الحسين كان عبدالله قد قبض على مسلم وأصحابه وقتلهم.

وها هو الحسين يجمع من أصحابه ثمانين رجلاً ويزمع الخروج إلى الكوفة، وهنا لابد أن أسجل موقفاً رائعاً لعبدالله بن عباس حين نصح الحسين، لقد حاول أن يثني الحسين عن الكوفة، لأن أهلها تسببوا في قتل أبيه وخذلان أخيه، وقال له: إن كنت راحلاً فاذهب إلى اليمن فهي أرض واسعة فيها الحصون والشعاب.

لكن الحسين –لأمر قدّره الله تعالى– أبى وخرج إلى العراق.

هرع عبيدالله بن زياد إلى أهل الكوفة مخوِّفاً ومتوعداً، واستمال أشرافهم بالأموال فألان قناتهم، وصرفهم عن نصرة الحسين ثم أرسل خيلاً تمنع الحسين من دخول العراق.

وفي العاشر من المحرم من سنة ٦١ للهجرة أطبق جيش عبيدالله بن زياد على الحسين وأنصاره القليلين وأعمل فيهم السيف، ولم يُجْدِ الحسين قتال ألف فارس، فاستشهد، واحتز رأسه ثم حمل رأس الحسين وأصحابه، والسبايا إلى الكوفة، فأرسلها عبيدالله إلى دمشق، ويذكر ابن سعد في طبقاته (الجزء الخامس) أن يزيد هالته الذبحة وأمر بإطلاق الأسرى وسمح لهم بالرجوع إلى الحجاز.

وقعة الحرة:

لم يكد عبيدالله بن زياد يفرغ من أمر الحسين حتى أنفذ يزيد جيشاً يقوده مسلم بن عقبة – وكان رجلاً فظاً غليظ الطباع – إلى المدينة ليظفر بعبدالله بن الزبير، ووصل الجيش إلى موضع بظاهر المدينة يعرف بحرة واقم[1].

---

(١) الحرة: منطقة بركانية.

حين علم أهل المدينة بمقدم الجيش الغازي احتفروا خندقاً كبيراً، بيد أن الجيش اقتحمه وفتك بأعداد هائلة من أهل المدينة.

ثم انصرف جيش مسلم إلى مكة؛ لكن شاءت إرادة الله أن يهلك القائد فتولى بعده الحصين بن نمير السكوني صاحب شرطة زياد أيام الحسين، وناوش الحصين ابن الزبير ورمى الكعبة بالمنجنيق حتى تصدعت جدرانها وتناثرت حجارتها، وذلك سنة ٦٤ للهجرة أواخر شهر المحرم.

وفجأة توفي يزيد؛ فكف جيشه عن المناوشة، وأوقف القتال على الفور، وفاوض الحصين ابن الزبير على أن يفك الحصار ويذهب به إلى الشام، ويبايعه بالخلافة، فرفض ابن الزبير العرض.

ولم يلبث ابن الزبير أن أعاد بناء الكعبة، وجعل بناءها على قواعدها الأولى التي وصفها الرسول ﷺ، فوسّع الجوانب وأقام العمد، ورد الركن الأسود في موضعه بالداخل، وزخرف الكعبة بالفسيفساء والرخام، وجعل لها بابين للدخول والخروج، وعطّر جدرانها بالمسك والعنبر وكساها بالديباج، وكان هدم الكعبة هذا هو ثاني هدم لها في التاريخ منذ عهد الرسول ﷺ؛ إذ هدمتها السيول سنة خمس قبل البعثة النبوية.

معاوية بن يزيد (٦٤هـ/ ٦٨٣م):

تولى معاوية بعد وفاة أبيه يزيد الخلافة باسم معاوية الثاني، لكنه لم يعمر في الخلافة أكثر من أربعين يوماً، ثم تنازل عن الخلافة ليكون الأمر شورى بين المسلمين.

ثم لم يلبث أن توفي فانقسم الرأي بين الأطراف فيمن يولونه عليهم.

توفي معاوية وعلى دمشق الضحاك بن قيس، وعلى حمص النعمان بن بشير وعلى قنسرين زفر بن الحارث، وكانوا على هوى بابن الزبير، أما والي فلسطين حسان بن مالك الكلبي، وكان مشايعاً لبني أمية، فجمع الموالين لبني أمية وشاورهم خشية أن تعود الخلافة إلى الحجاز، وسرعان ما استقر رأيهم على مروان بن الحكم وذلك لأنه كان أسنّ القوم.

مروان بن الحكم (٦٤-٦٥هـ/ ٦٨٣-٦٨٥م):

كان مروان بن الحكم يوصف بأنه شيخ قريش وسيد بني أمية «حسب قول ابن سعد في طبقاته»، وتمت له البيعة بالجابية في ذي القعدة سنة ٦٤هـ، وبعد مبايعته خرج وقبائل اليمانية ونزلوا مرج راهط (سهل شرق دمشق). وفي المحرم من سنة ٦٥هـ اشتد القتال بينهم وبين الضحاك بن قيس الفهري. واندحرت قوات الضحاك الدمشقية، وقتل الضحاك في المعركة.

وكنتيجة للمعركة انتقلت الخلافة إلى بيت بني مروان.

ثم انقضّت جيوش مروان على جيش عبدالرحمن بن جحدم والي مصر من قبل ابن الزبير ومزقته إرباً في موقعة الخندق قرب الفسطاط في جمادى الأولى من السنة نفسها.

ثم عاد مروان إلى دمشق بعد أن ولى على مصر ابنه عبدالعزيز. ولم يعمر مروان كثيراً؛ إذ وافته المنية أواخر عام 65هـ بعد أن عهد بالخلافة إلى ابنه عبدالملك.

والحقيقة أن شخصية مروان عجيبة، فهو داهية صعب المراس؛ فقد كان المستشار لعثمان بن عفان، وما إن مات عثمان حتى سارع مروان يبايع علياً بالخلافة، ليعتزل الحياة السياسية بعد موقعة الجمل.

وحين تولى معاوية بن أبي سفيان الخلافة ولّاه على المدينة.

عبدالملك بن مروان (65-86هـ/ 685-705م):

هو شخصية بديعة، لولا ما كدر سماءها من سحب وغيوم.

إنه عبدالملك بن مروان بن الحكم المولود بالمدينة في عام 26 للهجرة. كان يعد من فقهاء المدينة كسعيد بن المسيب وعروة بن الزبير.

قال عنه الشعبي:

ما ذاكرت أحداً إلا وجدت لي فضلاً عليه إلا عبدالملك؛ فإنني ما ذاكرته حديثاً إلا زادني فيه ولا شعراً إلا زادني فيه.

وكان عبدالملك رابع أربعة لم يلحنوا في جد ولا هزل.

وحين ولي الخلافة عام ٦٥ بعد وفاة أبيه لقي مجابهة عنيفة في الشام وخارج الشام، ففي الشام كان عمرو بن سعيد يطالب بحقه في الخلافة، وخارج الشام كان عبدالله بن الزبير يناوشه في مكة.

أما عمرو بن سعيد فكان أميراً لجيش مروان بن الحكم الذي سيّره لمحاربة جيش مصعب بن الزبير الذي بعثه عبدالله بن الزبير إلى الشام، وأمكن لعمرو هزيمة جيش مصعب، وحين وصل عمرو إلى دمشق أنعم عليه مروان بأن عهد إليه بالخلافة بعده.

وبعد وفاة عمرو بن سعيد لم يبق في ساحة المعارضة سوى ابن الزبير، وإليك طرفاً من سيرته:

إنه أول مولود بالمدينة المنورة بعد الهجرة، وأمه أسماء بنت أبي بكر، وأبوه الزبير بن العوام حواري رسول الله ﷺ الذي استشهد بعد وقعة الجمل.

ولما خلص الأمر لعبدالله بن الزبير بوفاة يزيد بن معاوية أعاد عبدالله بناء الكعبة.

وأصبحت خلافة عبدالله بن الزبير ثابتة على الحجاز، وأصبح هناك خليفتان في العالم الإسلامي، ابن الزبير في الحجاز، وعبدالملك في الشام، وعاش ابن الزبير راضياً، لكن عبدالملك أبى أن يشاركه في الملك عبدالله.

حين أعلن زفر بن الحارث والي بني أمية على قنسرين خروجه على الأمويين في عهد مروان، وذهب هارباً ليتحصن عند مصب نهر الخابور على الفرات في سورية. أراد عبدالملك تأديبه، فأوعز إلى الجند بالسير معه لقتال زفر، فتكاسل الجند، وهنا لجأ عبدالملك إلى واحد من أخلص أعوانه: روح ابن زنباع، فدله على رجل من شرطته هو الحجاج.

وقال للخليفة:

يا أمير المؤمنين، إن في شرطتي رجلاً لو ولاه أمير المؤمنين أمر عسكره لأرحلهم برحيله، وأنزلهم بنزوله يقال له الحجاج بن يوسف.

قال عبدالملك على الفور:

فإنا قد قلدناه ذلك.

فمن هو الحجاج؟

إنه الحجاج بن يوسف بن الحكم من ثقيف، وقد ولد أول خلافة معاوية سنة ٤١ للهجرة، وقد طلقت أمه من زوجها الحارث بن كلدة الثقفي فتزوجها يوسف بن الحكم فولدت له الحجاج.

امتاز الحجاج عن أقرانه بالشدة والتعجل والتسرع.. إضافة إلى الإخلاص لمولاه وولي نعمته عبدالملك وحرصه على رضاه.. ويحكى عنه أنه طلب رجلاً يوليه أمر شرطته فقيل له:

أي الرجال تريد؟

فأجاب: أريد دائم العبوس، طويل الجلوس، سمين الأمانة، أعجف[1] الخيانة.

فدلوه على عبدالرحمن بن عبيد التميمي.

كان على عبدالملك أن يتخلّص من فلول طائفة من الشيعة أطلقت على نفسها اسم (التوابين).

التوابون هم الشيعة الذين ندموا على قتل الحسين في كربلاء، ندموا على التخلي عنه وعدم مناصرته، وتنادوا بالثأر من قتلة الحسين، وساروا عام

---

[1] أعجف: قليل.

٦٥هـ إلى منطقة عين الوردة في أرض الجزيرة يقودهم سليمان بن صرد أواخر أيام مروان بن الحكم الذي أنفذ إليهم جيشاً يقوده عبيدالله بن زياد، وانهزم التوابون، وقتل قائدهم سليمان.

لكن لم يلبث عبدالملك أن واجه فتنة المختار بن أبي عبيد الثقفي الذي حشد جيشاً عرمرماً واتجه إلى الكوفة واستولى عليها، وفي عام ٦٦ وعند نهر الخازر أحد فروع نهر دجلة التقى جيش المختار بجيش ابن زياد ودحره وقتل ابن زياد وكثير من جنود الشام.

وإليك طرفاً من سيرة المختار الثقفي.

بعد مقتل علي بن أبي طالب اتصل المختار بالحسن بن علي يستحثه على حرب معاوية والقضاء على نفوذه في الشام، لكن الحسن آثر حقن دماء المسلمين وتنازل لمعاوية عن الخلافة، فذهب المختار إلى الحسين يبايعه بالخلافة، فرفض الحسين عرضه، وبعدها قتل الحسين في كربلاء.

ذهب المختار إلى مكة يستحث ابن الزبير على السير إلى الشام، فأظهر له عبدالله المخالفة، فأسرع المختار إلى الكوفة بجيش من العرب والموالي واستولى عليها.

وبعد وفاة ابن زياد آثر عبدالملك أن يترك المختار ليخلص منه ابن الزبير.

لكن المختار تربص بمن قتلوا الحسين ومثلوا به، ومنهم شمر بن ذي الجوشن فأرسل إليه من قتله، وكذلك أرسل من أتى له بعمر بن سعد بن أبي وقاص الذي قاد جيش الأمويين إلى كربلاء وقتله صبراً، وأخذ رأسه وبعث به إلى بني هاشم بالحجاز.

أرسل عبدالله بن الزبير أخاه مصعباً بعد أن ولّاه على العراق لقتال المختار الثقفي، فخرج ولقيه قرب الكوفة ودار قتال عنيف مدة أربعة أشهر وانعقد لواء النصر لجند مصعب، وقتل المختار بقصر الإمارة بالكوفة، وأرسل مصعب رأسه إلى أخيه بمكة.

استنكر عبدالله بن عباس ومحمد بن الحنفية صنيع ابن الزبير بأهل الكوفة، فخرجا من مكة ولاذا بالطائف حيث توفي بها في العام نفسه عبدالله بن عباس، أما ابن الحنفية فظل بالطائف إلى أن تُوفي عبدالله بن الزبير فعاد إلى مكة، وتوفي بالمدينة المنورة عام ٨١هـ.

وكان انتصار ابن الزبير على المختار فرصة سانحة لعبدالملك ليسرع بالقضاء على ابن الزبير؛ إذ لم يبق من مناوئ لدولة بني أمية سواه، وقد خلصه من المختار الثقفي الجبار.

بعد تلك الأحداث العاصفة بثلاث سنوات عزم عبدالملك على الخلاص من ابن الزبير، فوجه جيشاً إلى الكوفة عام ٧١ للهجرة، وكان عبدالملك يعرف أن أهل الكوفة يحقدون على مصعب لما وقع بهم من تنكيله فكاتبهم، وكاتب قواد مصعب ومناهم بالمال والأمان والوعود.. ولم يجد عبدالملك مناصاً من تولي قيادة الجيش بنفسه، ولما وصل قرب الكوفة غدر أهل العراق بمصعب وانفضوا عنه ولحقوا بعسكر عبدالملك، وقاتل مصعب مع نفر من أهله، واستمات في القتال إلى أن قتل عام ٧٢.

ثم أسرع كثير من القبائل لمبايعة عبدالملك، وولى أخاه بشر بن مروان على العراق، وكذلك سارع أهل البصرة إلى مبايعة عبدالملك.

خلت الساحة لعبدالملك ليوجه ضربته إلى عبدالله بن الزبير، فاستدعى الحجاج بن يوسف، وعهد إليه بقيادة الجيش الذاهب إلى مكة لملاقاة عبدالله ابن الزبير.

أسرع الحجاج فحاصر ابن الزبير في مكة، ونصب المنجنيق على جبل أبي قبيس، ورمى الكعبة المشرفة؛ لأن ابن الزبير كان متحصناً بها وجنوده. ضرب الحجاج الكعبة فتناثرت بعض أحجارها، ثم زحف الجيش الأموي، وعدته عشرون ألفاً، إلى مكة، هنا انفض أنصاره عنه وطلبوا إليه مبايعة عبدالملك فقال قولته الشهيرة:

والله إن ضربة بالسيف في عز خير من لطمة في ذل.

وخرج ليلقى أمه أسماء بنت أبي بكر.

فأوصته أمه بالثبات على الحق ما دام مؤمناً به.

وهذا درس رائع للأم ضربته ذات النطاقين لكل الأجيال، فلا داعي للقلق والخوف والجزع، ما دام لا مفر من القدر المحتوم، وعلينا أن نجابه قطيع الذئاب ونحن كالأسود الكاسرة، لا كالنعاج النافرة.

خرج عبدالله من عند أمه وقاتل ببسالة هو ونفر قليل من أهله وخاصته حتى سقط شهيداً.

واحتزت رأسه وذهبوا بها إلى الحجاج، وأمه تسمع.

ذهبت إلى جسده الطاهر تضمه إلى صدرها.

وأمر الحجاج فصلبت الجثة ثلاثة أيام في مكة، ثم ذهبت أسماء في شجاعة إلى الحجاج السفاح وقالت له قولتها المشهورة:

أما آن لهذا الفارس أن يترجل.

فأمر بإنزال الجثمان وتسليمه إليها، فأخذته وغسلته ودفنته ولم تلبث أن لحقت به بعد ستة أيام، وكان ذلك عام ٧٣ للهجرة، وبذلك انطوت الخلافة الحجازية، وصارت دمشق حاضرة الخلافة الإسلامية.

ولى عبدالملك –عرفاناً منه بالجميل– الحجاج على مكة واليمامة واليمن والمدينة، ثم وجهه عبدالملك إلى العراق عام ٧٥ للهجرة للقضاء على الخوارج، وهناك صعد الحجاج منبر مسجد الكوفة وتهدّد الكوفيين وقال لهم:

«أنا ابن جلا وطلاع الثنايا   متى أضع العمامة تعرفوني

يا أهل الكوفة، إني لأرى رؤوساً قد أينعت وحان قطافها.

وإني لصاحبها، وكأني أنظر إلى الدماء بين العمائم واللحى».

واستطاع الحجاج القضاء على الخوارج عام ٧٧ للهجرة في وقعتي سوق حكمة ودجيل عند الكوفة.

ثم نشط عبدالملك للفتح فأرسل عبدالرحمن بن الأشعث لقتال ملك كابل الذي رفض دفع الجزية، وسمي جيش عبدالرحمن جيش الطواويس لروعة منظره وقوة تجهيزه.

لكن سرعان ما انقلب عبدالرحمن على الدولة الأموية وأعلن العصيان، لأن الحجاج وصفه بالجبن؛ لأنه كان يؤثر عدم التوغل في الأرض المفتوحة. وقرر السير إلى العراق لخلع الحجاج، ثم اتجه إلى كرمان وطرد عاملها ودخل الأهواز، ودخل البصرة وانضم إليه أهلها بغضاً للحجاج، كما تخلص أهل الكوفة من عامل الحجاج عام ٨٢هـ فدخلها عبدالرحمن وحشد أهلها معه.

وتجهز لحرب الحجاج، ووقعت عدة وقائع بين الطرفين، وانكسر عبدالرحمن وجنده في وقعة دير الجماجم بظاهر الكوفة وقتل عبدالرحمن نفسه بأن ألقى بنفسه من حصن عالٍ، وكان ذلك أواخر عام ٨٣ للهجرة، وسرعان ما أطلق الحجاج جند الأمويين يعيثون في الكوفة فساداً وعذب أهل الكوفة في السجون.

ولعبدالملك الفضل في تعريب الدواوين وجعل اللغة العربية اللغة الرسمية في أنحاء الدولة الإسلامية، كما ضرب أول عملة عربية ونقشها سنة ٧٥ للهجرة، وعرفت باسم السكة الإسلامية.

وعاد عبدالملك إلى الفتوح، فاتجه إلى حرب الروم، وبعث أخاه محمداً لغزو الروم، وولاه على الجزيرة وأرمينية، كما تمكن جيش عثمان بن الوليد من هزيمة جيش الروم.

وقام الأسطول الإسلامي بالاستيلاء على حصون جديدة أهمها حصن المصّيصة على شاطئ نهر بين أنطاكية وبلاد الروم.

وأرسل عبدالملك القائد زهير بن قيس البلوي فاسترد القيروان، وأرسل حسان بن النعمان في أربعين ألفاً إلى قرطاجنة فاستولى عليها وهدمها. وطرد الروم من إفريقية، ثم استولى عليها عام ٨٣ للهجرة.

ثم شاءت حكمة الله سبحانه أن يرحل عبدالملك عن دنيانا عام ٨٦ للهجرة بعد أن عهد لابنه الوليد بالخلافة.

الوليد بن عبدالملك (٨٦-٩٦هـ/ ٧٠٥-٧١٥م):

أثناء حكمه تمتع الناس بالسكينة والهدوء، واهتموا بنشر الإسلام في بقاع الدنيا، واستأنف المسلمون الفتوح، وزادت رقعة الدولة الإسلامية زيادة هائلة، ففتح في عهده أقاليم ما وراء النهر، وشمالي إفريقية والأندلس، وحوض نهر السند، ولمع في عهده أقطاب مشاهير من أمثال قتيبة بن مسلم الباهلي، ومحمد بن القاسم الثقفي، وموسى بن نصير، وطارق بن زياد.

لقد تسلم الوليد ملكاً عريضاً وطيد الأركان، مما جعله في عصر الهدوء والسكينة والاستقرار، مشغوفاً بعمارة المساجد والأبنية المعمارية، أراد الوليد أن يجعل دمشق حاضرة العالم الإسلامي، وعاصمة الدولة الإسلامية العربية، ولقد نشط الوليد إلى بناء أعظم مسجد في دمشق، مستخدماً عشرة آلاف صانع من الصناع، عملوا في بنائه وزخرفته مدة تسع سنوات. حتى أصبح على رأي ياقوت إحدى عجائب الدنيا، إنه الجامع الأموي، أو جامع دمشق، أو المسجد الجامع.

وعمر الوليد كذلك مسجد الصخرة والمسجد الأقصى ببيت المقدس أول قبلة للمسلمين؛ كما اهتم بإعادة بناء المسجد النبوي بالمدينة المنورة والمسجد الحرام بمكة. كما بنى مشفى شمال شرقي دمشق بخمسة عشر كيلاً لعلاج المجذومين وعمل على إنارة الطرقات ليلاً.

وها هي حملات الشواتي والصوائف توالي زحفها الميمون لتفتح الفتوح فيدخل الناس في دين الله أفواجاً.

فتح إقليم ما وراء النهر:

مد المسلمون فتوحهم إلى ما وراء النهر، نهر جيحون، وكان يحكم بلاد ما وراء النهر المرازبة (واحدها المرزبان أو صاحب المرز أو الثغر) وهم من الفرس.

اندفع المسلمون في جيش مبارك يقوده قتيبة بن مسلم الباهلي والي خراسان، وكان عربياً من قبيلة باهلة، وأبوه كبير القدر عند يزيد بن معاوية، وتقدم إلى بلخ واحتلها عام ٨٦ وعبر النهر وهزم جيوش ملك خوارزم واستولى على فرغانة، ووصل إلى الصين فقدم له ملكها الهدايا ودفع الجزية عام ٩٦ للهجرة، وتوقفت فتوح قتيبة عند هذا الحد لوفاة الوليد.

فتح السند:

كان اهتمام المسلمين ببلاد السند راجعاً إلى استيلائهم على مكران غربي بلاد السند التي فتحت في زمن عمر بن الخطاب، ولما تولى يزيد وكّل الحجاج قيادة الحملة لفتح بلاد السند إلى أحد أقربائه وهو محمد بن القاسم الثقفي، وكان ابن عم وصهراً له، ولم يكن قد جاوز السابعة عشرة سنة.

سار محمد من مكران في عام ٨٩ فاستولى على أرمئيل والديبل وعلى بلاد السند بعد أن قتل ملكها داهر الذي قاتله من على ظهر فيل، ودخل عاصمتها راور واستولى على المولتان وأطلق عليها لفظ المعمورة.

وظل محمد يغزو حتى وصل إلى كشمير.

وكان فتح السند من أعظم الفتوحات الإسلامية التي تمت في عهد بني أمية.

فتح المغرب والأندلس:

أرسل الوليد والي البصرة موسى بن نصير ليغزو الساحل الشمالي لإفريقية، فاستولى على بلاد المغرب وفتح طنجة وولّى عليها مولاه طارق بن زياد. ثم واصل سيره إلى المحيط الأطلسي وقضى على النفوذ البيزنطي ودخل مدينة سبته.

ولد موسى بن نصير عام ١٩ للهجرة في ولاية عمر بن الخطاب، وعمل في خدمة عبدالعزيز بن مروان في مصر.

ولما دخل موسى مدينة سبتة استعانه حاكمها (يوليان) على رودريك ملك أسبانيا وزيّن له فتحها، وهزيمة رودريك القوطي.

ولأن المسلمين شعروا بمدى ما عليه القوط من ضعف، فلم يتردد موسى في الإقدام على فتحها، كما أن القوط كانوا يشاركون الروم في الحملة لاسترداد قرطاجنة، وذلك تحت شعار الصليب والعنصرية.. فكان المسلمون يرون ضرورة تأديبهم ودحرهم.

أرسل موسى السرايا، فهاجمت سراياه جزيرتي منورقة وميورقة أو جزائر البليار.

ثم أرسل قائده طريف بن مالك عام ٩١ للهجرة فاستولى على جزيرة جنوبي الأندلس عُرفت باسم (جزيرة طريف)، كما استولى موسى على جزيرة سردينية.

وفي عام ٩٢ أرسل موسى مولاه طارق بن زياد وكان من البربر وحاكماً على طنجة، أرسله موسى في شهر رجب على رأس جيش من سبعة آلاف،

فاستولى طارق على جبل ببحر الزقاق أطلق عليه جبل طارق، أو جبل الفتح، ثم نزل في مرسى مواجه لسبتة سماه العرب الجزيرة الخضراء.

حين سمع القوط بغزو العرب لبلادهم أسرع رودريك ملك الأندلس على رأس جيش كبير عدته مئة ألف فارس، للقضاء على الفاتحين، وتقابل الجيشان في وادي لكة المحيط بـبحيرة لكة، وانهزمت قوات رودريك الذي فرّ من المعركة وكان ذلك في ٢٨ رمضان سنة ٩٢ للهجرة.

ولم يلبث موسى بن نصير أن أسرع لفتح إشبيلية، والتقى بطارق في طليطلة عام ٩٣هـ، ومضيا يفتحان المدن الأندلسية الكبيرة مثل سرقسطة وماردة عام ٩٤هـ.

وأراد القائدان أن يتوغلا في البلاد للفتح، لكن الوليد بن عبدالملك أرسل يستدعي موسى وطارقاً إلى دمشق عام ٩٥هـ.

توفي الوليد عام ٩٦ للهجرة بعد أن عمل على توسعة رقعة الإسلام إلى مدى لم تصل إليه قبله أو بعده، مما جعل الدولة العربية الإسلامية أشبه بهلال ضخم رأسه عند جبل البرانس والآخر قرب الصين.

رحم الله الوليد على ما قدم للإسلام وأهله.

سليمان بن عبدالملك (٩٦-٩٩هـ/ ٧١٥-٧١٨م):

كان سليمان الذي تولى الخلافة بعد وفاة أخيه الوليد يدعى (فتى العرب)؛ لأنهم يحكون أنه كان إذا نظر في المرآة قال: «أنا والله الملك الشاب».

يذكر ابن عبد ربه صاحب العقد الفريد أنه ما كاد يتولى الخلافة حتى أمر عامله على الحجاز خالد بن عبدالله القسري بإظهار البراءة من الحجاج، كما عزل قتيبة الباهلي عامل خراسان، وحرض عليه من قتله وبعض أفراد بيته: «كما ورد في وفيات الأعيان لابن خلكان»، كذلك أمر سليمان بعزل محمد بن القاسم من السند وولّى عليها يزيد بن أبي كبشة وأوعز إليه بتعذيبه إلى أن مات.

كل ذلك كان انتقاماً ممن ولاهم الوليد، وأضافوا للرقعة الإسلامية أرضاً جديدة، كان يبغضهم لأنهم فيما يقال زينوا للوليد أن يعهد بولاية العهد والخلافة إلى ابنه عبدالعزيز بن الوليد بدلاً من سليمان.

كما تخلص من ولدي موسى بن نصير عبدالعزيز والي الأندلس، وعبدالله والي المغرب، مما أحفظ القلوب على سليمان الذي قضى على كبار الفاتحين في عصر بني أمية.

بيد أنه على الرغم من ذلك كله لم تتوقف حركة الفتوح، فأعاد مهاجمة جزيرة صقلية، وعاود احتلال قبرص، وجمع جيشاً عدته أكثر من مئة وعشرين ألفاً جعل على رأسه ابنه داود عام ٩٨هـ ووجهه إلى فتح القسطنطينية، كذلك وجه الأسطول الإسلامي وحاصر القسطنطينية من البحر.

لكن جاء الشتاء وطال الحصار حتى توفي سليمان عام ٩٩هـ فأصدر خليفته عمر بن عبدالعزيز بن مروان أوامره بسحب الحملة، التي انتهت مؤنها ودمرت بعض قطع أسطولها.

أما عامل سليمان على العراق والمشرق يزيد بن المهلب فاستطاع الاستيلاء على قوهستان من مناطق بحر قزوين ودخل عاصمتها قاين. واستولى على جرجان وقتل ملكها صول، وهاجم طبرستان جنوب بحر قزوين وصالح أهلها على أن يدفعوا الجزية.

ثم لم يلبث سليمان أن تُوفي وسنه خمس وأربعون سنة وذلك عام ٩٩ للهجرة.

عمر بن عبدالعزيز (٩٩-١٠١هـ/ ٧١٧-٧٢٠م):

كان سليمان يود لو عهد لأحد ابنيه أيوب أو داود بالخلافة، لكن شاء الله تعالى أن يتوفى الأول في حياة أبيه، أما الثاني فكان وقت حضرت الوفاة

سليمان ضمن حملة القسطنطينية، فعهد سليمان بالخلافة إلى ابن عمه عمر ابن عبدالعزيز بن مروان؛ وذلك لذيوع صيته في الفضل والتقوى.

وعمر بن عبدالعزيز له شبه كبير بجده عمر بن الخطاب، فوالدته ابنة عاصم بن عمر بن الخطاب، وقد ولد عمر بن عبدالعزيز بمدينة رسول الله ﷺ في العام الثالث والستين للهجرة، ونشأ فيها وتربى إلى أن استدعاه عمه عبدالملك بن مروان بعد وفاة أبيه عبدالعزيز سنة ٨٥ للهجرة إلى عاصمة الخلافة: دمشق، وزوجه ابنته فاطمة، ثم ولاه الوليد بن عبدالملك على الحجاز بعدها بعامين، فكان بأهلها رحيماً عطوفاً، وجعل له مجلس شورى من عشرة فقهاء، حتى لقب بالرجل الصالح.

قام عمر بهدم الضريح النبوي وأعاد بناءه بعد توسعته، ولعدل عمر كان يفر إليه الناس من قسوة عمال بلادهم مما أحفظ الخليفة الوليد عليه وأدى إلى تنحيته عن الحجاز سنة ٩٣ للهجرة.

ولنستمع إلى أول خطبة ألقاها عمر بعد توليته الخلافة، إنه يقول فيها:

«إني لست بخيركم، ولكني رجل منكم، غير أن الله جعلني أثقلكم حملاً». (طبقات ابن سعد الجزء الخامس..).

فأي رجل هذا في عدله وشعوره بثقل المسؤولية.

لقد عايش في المدينة أنس بن مالك -رضي الله عنه- وأفاد منه، حتى إنه أمر بجمع وتدوين الأحاديث على ما يقول ابن سعد.

إنه يلبس الثياب الخشنة، ويصرف عنه الحرس، وبعد أن كان ذا شحم ولحم قبل الخلافة أصبح نحيلاً ضامراً، وفرّق إقطاعات أفراد أسرته وجواهر زوجه على المسلمين، وجاهر بأن ذلك حق بيت المال.

لكن أعظم ما صنعه ذلك الخليفة الرائع أنه كثر في عهده دخول الشعوب المفتوحة في الإسلام، وشدّد النكير على عماله على الأمصار وحاسبهم أشد الحساب، ورد المظالم، وأعاد أراض كثيرة إلى أهل الذمة، ونظم السجون لأول مرة، وجعل لها الديوان وأمر بألا يقيد أحداً في السجون.

وقال قولته المشهورة لعماله حين أصروا على أخذ الجزية من أهل الأمصار المفتوحة:

«إن الله بعث محمداً داعياً، ولم يبعثه جابياً..».

وساوى عمر بين العرب والموالي في الرزق والكسوة والمعونة، وأطلق الحرية للناس في التنقل من الريف إلى المدن.

وكاتب عمر ملوك ما وراء النهر، فأرسل هؤلاء الملوك يعلنون إسلامهم، كما انتشر الإسلام بين الفرس، كما أسلم ملك الهند، وتسمى باسم عربي.

وكان لشجاعة عمر أكبر الأثر حين أنهى الحملة على القسطنطينية، وأرسل يستدعي قائدها مسلمة حين أدرك ما أحاق بالحملة من خسارة وبسفنها من تدمير، وما عاناه الجنود من قلة المؤن.

ووجه عمر جهده إلى محاربة الروم، فكان يدعو المقيمين في حصون الروم إلى الإسلام أو الجزية أو القتال، وجعل رباط الجنود المجاهدين في الثغور أربعين يوماً.

وسنَّ عمر سنة المفاوضات بين المسلمين والبيزنطيين لأول مرة فيما يخص فداء الأسرى من الطرفين.

لكن ذلك الخليفة العادل مات وسنه دون الأربعين ببلدة قرب حلب بعد أن حكم أقل من ثلاث سنوات، كانت عدلاً ومحبًا للرعية.

يزيد بن عبدالملك (١٠١-١٠٥هـ/ ٧٢٠-٧٢٤م):

تولى الخلافة بعد أن تُوفي ابن عمه عمر بن عبدالعزيز، هدّد عمر بني مروان بالانسحاب إلى المدينة ليجعلها شورى، ولقد تولى يزيد الخلافة في شهر رجب.

اندلعت في عهده الفتن، من ذلك فتنة الخوارج، وفتنة يزيد بن المهلب.

لقد أسرف يزيد في بعث روح العصبية بين اليمانية والمضرية، فجعلت تنخر في عظام الخلافة الأموية حتى قضت عليها.

لقد كان يزيد متزوجاً من ابنة أخ الحجاج بن يوسف؛ ومن ثم أعلن انضمامه إلى المضرية وبذلك دخل في عداوة سافرة مع أهل الشام، فأنقص عطاء اليمانية وجعله نصف عطاء المضرية، وهرب يزيد بن المهلب عامل خراسان إلى العراق بعد أن خلعه عمر بن عبدالعزيز عنها لمماطلته في إرجاع خمس الغنائم التي حصل عليها من حروبه وفتوحاته في نواحي قزوين.

هرب يزيد بن المهلب إلى العراق خوفاً من الخليفة يزيد بن عبدالملك واحتمى بقبيلته من الأزد في واسط، واستطاع ابن المهلب السيطرة على العراق، وخلع الخليفة، وثار العراق على الخلافة الأموية، فأرسل الخليفة جيشاً لجباً عليه مسلمة بن عبدالملك والعباس بن الوليد بن عبدالملك فاستطاعا القضاء على ابن المهلب وجنوده في عقر بابل.

وعاد الخوارج إلى الخروج على الخلافة، فهاجموا الكوفة على يد بسطام أو شوذب فوجه إليه الخليفة جيشاً بقيادة أخيه مسلمة فهزمه وقتله.

لكن عاد يزيد إلى إطلاق أيدي عماله في الأمصار، فظلموا الناس وبالغوا في جمع الجزية وفي الإساءة إلى الموالي الذين حنقوا على الخلافة، وجعلهم خير بوق للعباسيين.

لقد ولى يزيد بن عبدالملك بن أبي مسلم مولى الحجاج على المغرب، فبالغ ابن أبي مسلم في الإساءة إلى البربر، وأعاد الجزية على من أسلم، فثاروا عليه وقتلوه.

كما أساء عمال الخليفة في بلاد ما وراء النهر معاملة أهل البلاد؛ مما دفع أغلبهم إلى نقض حلفهم مع الخلافة، كما حدث في فرغانة ونسف، بل إن كثيراً من أهلها ارتدوا عن الإسلام، وبالتدريج ضعفت سلطة وهيبة الخلافة فيها.

أهمل يزيد الجهاد والفتوح مما أطمع أعداء البلاد فيها، فعاد خاقان الترك إلى التدخل في بلاد ما وراء النهر، كما أغارت شعوب القوقاز على حدود أرمينية وهزمت عمال الخلافة، إلى أن أرسل إليهم يزيد القائد الجراح بن عبدالله الحكمي فأوقف تقدمهم.

ولم يلبث والي الأندلس السمح بن مالك الخولاني أن قتل غِيلَةً(١).

---

(١) غيلة: القتل على غفلة.

هشام بن عبدالملك (١٠٥-١٢٥هـ/ ٧٢٤-٧٤٣م):

هو ابن عبدالملك بن مروان من زوجته المخزومية، وقد اتخذ عاصمة خلافته في الرصافة شمال شرقي الشام بدل دمشق.

حاول هشام إيجاد التوازن بين المضرية واليمانية، ثم استأنف الفتوح.

كان يحب أن يرأب الصدع الذي أحدثه سلفه في الأمة الإسلامية. واشتهر بتقواه ومحاولاته إصلاح ما فسد من أمور البلاد.

بدأ هشام بعزل عامل العراق ابن هبيرة القيسي وولّى مكانه خالد بن عبدالله القسري الذي استطاع أن يقضي على فتن الخوارج، واستمتع أهل العراق بمرحلة من الاستقرار لم يشهدوها من قبل؛ مما كان له أثره في تحسين حال الزراعة والاقتصاد ورغد العيش.

لكن فجأة انقلب عليه هشام وخلعه، وولى مكانه ابن عم الحجاج المسمى يوسف بن عمر الثقفي؛ فعاد إلى ظلم العراقيين واشتد عليهم، فعاد العراق إلى الفتنة، وثارت الشيعة يقودها زيد بن علي زين العابدين في الكوفة سنة ١٢٢ للهجرة. فقد استدعاه الوالي الجديد ليسأله عن أحوال خالد القسري، فأوجس زيد خيفة وذهب ليلقى هشاماً في الرصافة؛ فأغلظ له القول فذهب مغاضباً إلى الكوفة وأشعلها ثورة على الأمويين.

حاصر يوسف الكوفة فانفض أنصار زيد عنه، ولم يبق معه إلا جماعة قليلة، فقاتل وقاتلوا معه حتى قُتل وقتلوا جميعاً.

وأرسل هشام نصر بن سيار قائده فأخضع له خراسان، ثم ولاه عليها. وفي بلاد ما وراء النهر ثار الحارث بن سريج على الخلافة سنة ١١٦هـ للهجرة وخلع هشاماً.. واستمر يناوئ الأمويين إلى أن هلك سنة ١٢٨ للهجرة.

وفي مصر بالغ واليها عبيدالله بن الحبحاب في جمع الخراج وزاده، واستولى على أراضي المصريين؛ مما جعلهم يحاربون جند الخليفة ويوقعون بهم الهزائم، إلى أن تمكن حنظلة بن صفوان عام ١٢٢ من القضاء على الثورة.

ونشط الخوارج لإثارة البربر على الخلافة الأموية التي استهانت بهم وعدّتهم في منزلة أدنى من العرب؛ فثار البربر على الخلافة عام ١٢٢هـ بزعامة ميسرة الذي تسمى بأمير المغرب، هاجم والي طنجة ووالي السوس.. وعندما اغتر ميسرة بنفسه قتله البربر، وولوا مكانه خالد الزناتي وهزموا جند الخليفة في غزوة الأشراف عام ١٢٣هـ على وادي شليف، وقتلوا عامل الخليفة، وقد أرسل إليهم هشام جيشين بقيادة كلثوم القشيري وبلج القشيري فهزم البربر الجيشين هزيمة منكرة وعلى ذلك لم يبق للخلافة في المغرب سوى القيروان.

لكن حنظلة بن صفوان الكلبي عامل هشام على مصر استطاع القضاء على البربر نهائياً بعد أن حاربهم في عدة مواقع فاصلة في تاريخ الإسلام، وبذلك عادت المغرب إلى أحضان بني أمية.

وحين عمد هشام إلى التوسع في الأندلس غزا عنبسة بن سحيم الكلبي والي الأندلس بلاد الغال (فرنسا) واستولى على مناطق منها، لكنه قتل أثناء عودته منها، فانسحب العرب إلى ناربونة.

ثم عاود العرب الزحف على بلاد الغال، فاستولى عبدالرحمن الغافقي على مقاطعة أكيتانية عام ١١٢ للهجرة.. وحين واصل الزحف باتجاه مدينة تور جنوبي غرب باريس بمائتين وأربعين كيلومتراً فوجئ بقوات الفرنجة بقيادة شارل مارتل في رمضان عام ١١٤هـ ودارت رحى المعارك بعنف في بواتييه جنوب غربي مدينة تور بمائة كيلومتر، حتى استشهد عبدالرحمن الغافقي، وسمى المسلمون تلك الموقعة باسم (بلاط الشهداء).. واضطر جيشه إلى الانسحاب إلى الأندلس..

وتوفي هشام في ربيع الآخر عام ١٢٥ للهجرة في الرصافة، وبوفاة ذلك الخليفة بدأت دولة بني أمية بالانهيار.

الباب الثاني

انهيار دولة بني أمية (١٢٥-١٣٢هـ/ ٧٤٣-٧٤٩م):

آذن نجم دولة بني أمية بالأفول، ومالت شمسها إلى المغيب..

فقد تولى خلفاء ضعاف انصرفت همتهم إما إلى اللهو والترف أو التنكيل بأنصار الخلفاء من قبله، كما في عهد الوليد بن يزيد (الوليد الثاني)، الذي مات مقتولاً على يد خلفه يزيد بن الوليد بن عبدالملك، ولم يعمر كل منهما فوق ستة أشهر امتلأت ظلماً وجوراً وفساداً.

ولقد تولى مروان بن محمد الخلافة في صفر ١٢٧ للهجرة في دمشق وهو الخليفة الأموي الرابع عشر والأخير.

ادعى مروان أنه خرج للمطالبة بدم الوليد الذي قتل على يد يزيد، خرج مروان على الخلافة الأموية في البداية وذهب إلى بلاد الجزيرة واستولى عليها، ثم سار إلى حمص ودخلها، فأرسل إبراهيم جيشاً من دمشق إلى حمص تمكن مروان من هزيمته، كما هزم جيشاً آخر، ثم ما لبث أن دخل دمشق، ونصَّب نفسه خليفة عليها، ثم انتقل إلى حرّان وجعلها عاصمة للخلافة، وهي قصبة ديار مضر.

ولم تلبث الفتن أن اندلعت؛ فثارت الشام، لكن مروان تمكن من إخماد ثورتها وقتل يزيد بن خالد.

وثار العراق بقيادة عبدالله بن معاوية الذي دعا أهل الكوفة إلى مبايعته بالخلافة في عام ١٢٧ للهجرة، وتمكن من التغلب على بلاد فارس.

ونهض الخوارج إلى الكوفة واستولوا عليها على يد الضحاك بن قيس الشيباني الذي تمكن من الاستيلاء على الموصل والعراق كله، وطرد عمال مروان منه.

ولكن مروان أرسل يزيد بن عمر بن هبيرة الأزدي عام ١٢٨هـ إلى العراق فهزم قوات الضحاك واستولى على العراق بعد أن لحقه الخليفة، وكانت تلك الهزيمة النكراء في وقعة نصيبين، كما هزم قوات شيبان الحروري بعد مساجلة استمرت عشرة شهور بالموصل، وفرّ شيبان إلى بلاد فارس، ثم إلى عمان حيث قتل سنة ١٣٤ للهجرة على يد العباسيين..

وثار أهل مصر حين ولى عليهم مروان الحوثرة الباهلي سنة ١٢٨ للهجرة، وكل هذه الاضطرابات أضعفت الخلافة، ومكنت للعباسيين من الانقضاض عليها وإنهاء الخلافة الأموية تمامًا وذلك سنة ١٣٢ للهجرة.

تكاد تجمع المصادر التاريخية على أن الصراع بين المُضَرِيَّة واليَمَانيَّة هو العامل الرئيس في ذهاب دولة بني أمية.

وكان لاتجاه بعض الخلفاء إلى تولية العهد لأكثر من فرد واحد أثر في إذكاء روح التباغض بين الكيان الأموي؛ إذ حاول كل من وُلِّيَ العهد أن يتخلص من منافسه ليخلص له الأمر بلا منافس.

كان لهذه الاضطرابات الخطيرة أثرها في لفت أنظار أعداء الدولة الأموية، وخاصة بني هاشم الذين كانوا يتربصون بهم الدوائر.. فنهض أحد فروع بني هاشم وهم فرع بني العباس، وينتسبون إلى العباس عم النبي ﷺ، يطالبون بحق آل البيت الهاشمي في الخلافة.

لكن يجدر أن نؤكد هنا أنه لا العباس عم النبي ﷺ ولا ولده عبدالله كان لهما مطمع في الخلافة، وما هو إلا ادعاء ممن تسموا باسم العباسيين.

ولقد مر بنا كيف اعتزل ابن عباس الفتنة بعد مقتل الإمام علي ـ رضي الله عنه ـ وكيف رفض مبايعة ابن الزبير، كما ارتحل إلى الطائف وظل بها حتى توفي عام ٦٨ للهجرة في عهد عبدالملك بن مروان.

كما أن ابنه علياً لم يطمح هو أيضاً في الخلافة، وكان يقيم في أطراف الشام إلى أن مات عام ١١٨ للهجرة.

يقال إنه في عهد ابنه محمد بن علي بن عبدالله بن العباس قصده أبو هشام عبدالله بن محمد بن الحنفية وأوصاه بأن يرثه في إمامة الشيعة.

ومضت الدعوة تشق طريقها في السر والكتمان، وجعل محمد بن علي للدعوة إلى بني العباس مجلساً للإشراف عليها يتكون من اثني عشر نقيباً.

ولم تلبث الشعوبية أن ظهرت تطالب بحقوق الشعوب التي أسلمت في المساواة بالعرب أو القبائل العربية.

وراجت الدعوة بين الفرس خاصة أنهم دخلوا الإسلام بأعداد غفيرة. وهم الذين احتقرهم الأمويون، وأطلقوا عليهم لفظ العجم أو الأعاجم أو العلوج أي الذين يتكلمون بلغة غير مفهومة، وسرعان ما اعتنق العجم التشيع، وهو حب آل البيت وخاصة علي بن أبي طالب.

وحين مات محمد بن علي بن عبدالله سنة ١٢٤ للهجرة كان قد أوصى بالإمامة لولده إبراهيم الذي عرف بالإمام، وأرسل الدعاة إلى الأمصار، وكان من أشهرهم أبو سلمة الخلال، وعبدالرحمن بن مسلم الذي أمر إبراهيم بقية الدعاة بطاعته؛ فأظهر الدعوة في رمضان سنة ١٢٩ للهجرة بعد أن كانت سراً، وما لبث حتى استولى على مرو، فأرسل نصر بن سيار قائد جيوش

مروان إلى الخليفة يستنجد به ويطلب منه المدد، لكنه أصم أذنيه لانشغاله بقتال الخوارج، فاستطاع عبدالرحمن (الذي تسمى بأبي مسلم) الاستيلاء على خراسان، وهرب نصر إلى الري وتوفي بها سنة ١٣١ للهجرة.

وتقدمت جيوش العباسيين وغزت فارس والعراق، ودخل عبدالله أبو العباس، الذي تولى بعد وفاة أخيه إبراهيم، الكوفة في ربيع الآخر سنة ١٣٢ للهجرة، وتسمى بأمير المؤمنين، وخطب مبيناً حق أسرته في الخلافة.

وحانت النهاية حين أرسل أبو العباس جيشاً عدته ثلاث مئة ألف إلى مروان، استطاع هزيمة جيش الأمويين قرب الموصل على نهر الزاب الأعلى في جمادى الآخرة سنة ١٣٢هـ، ثم طارد العباسيون مروان الذي هرب في ذي الحجة فلحقه جنود العباسيين وقتلوه شر قتلة..

المحتويات

الموضوع	الصفحة
الباب الأول	
قيام دولة بني أمية	٥
معاوية بن أبي سفيان	٥
يزيد بن معاوية	١٤
معاوية بن يزيد	١٩
مروان بن الحكم	١٩
عبدالملك بن مروان	٢٠
الوليد بن عبدالملك	٣٠
سليمان بن عبدالملك	٣٥
عمر بن عبدالعزيز	٣٦
يزيد بن عبدالملك	٣٩
هشام بن عبدالملك	٤٢
الباب الثاني	
انهيار دولة بني أمية	٤٥